Elisabeth Baldes

GESCHENKIDEEN AUS KERAMIK

Brunnen-Reihe 263

Christophorus-Verlag Freiburg

Ideen und Geschenke

Wenn Sie, wie ich, gerne mit Ton arbeiten, liegt es nahe, daß Sie auch gern kleine Geschenke aus Ton selbst herstellen. Sie können dabei speziell auf die Person eingehen, die Sie beschenken wollen. Kinder freuen sich zum Beispiel über ein Geschenk mit ihrem Namen oder Geburtsdatum. Ein Katzenliebhaber ist sicher entzückt, wenn er seine Katze beispielsweise auf dem Dach des Dufthäuschens oder auf einem Serviettenring dargestellt wiederfindet.
Vielleicht gibt Ihnen dieses Büchlein Anregungen, die Sie auf ganz neue und eigene Ideen bringen. Lassen Sie Ihrer Phantasie freien Lauf. Das Material Ton bietet viele Möglichkeiten.

Werkzeug

Für die Herstellung dieser hier gezeigten kleinen Arbeiten habe ich kein spezielles Werkzeug gebraucht. Sie werden alle Hilfsmittel in Ihrem Haushalt finden oder durch andere ersetzen können. Das beste Werkzeug hierfür sind die Hände.

Ton, Tisch, Tips und Zeitung

Den Ton verarbeite ich, wie ich ihn kaufe. Es gibt ihn in verschiedenen Farben und Aufbereitungen: ohne Schamotte und verschieden grob schamottiert. Ton ohne Schamotte eignet sich für sehr feine Arbeiten, weil Körnung völlig fehlt. Schamottierter Ton sollte verwendet werden für größere Gegenstände, weil er weniger zu Spannungen neigt und deshalb nicht reißt. Bei jeder Arbeitsbeschreibung gebe ich an, welchen Ton ich verwende. Übrigens: das Verkaufspersonal in Bastelgeschäften ist gut geschult und berät Sie auch gerne. Für alle im Heft vorgestellten Arbeiten verwende ich gern relativ weichen Ton, weil jede der aufgetragenen Verzierungen, wie Blümchen und Blätter, allein durch Andrücken haftet. Arbeiten Sie mit festerem Ton, werden Sie öfter Schlicker (stark aufgeweichter Ton) zum „Kleben" benötigen.
Mein Arbeitsplatz ist der Küchen- bzw. der Eßtisch. Allerdings liegt immer ein Stück Zeitungspapier dabei, denn das Ausrollen des Tones führe ich auf der

Tischplatte durch und jede Weiterverarbeitung auf der Zeitung, weil der Ton sonst auf der Tischplatte kleben bleibt.
Wenn Sie sich vor Arbeitsbeginn die Hände etwas einfetten, ist es leichter, die winzigen Ranken und dünnen Tonschnürchen zu rollen und zu applizieren, ohne daß sie zerbrechen.
Löcher für Kerzen drücke ich gerne mit einer alten Batterie in den Ton, dafür benutze ich eine runde mit 13 mm Durchmesser. Das Loch entspricht nach Schwindung durch Trocknen und Brennen gerade dem Durchmesser einer Christbaumkerze.

Farbige Flächen und auch Tupfer

Meistens male ich mit Engobe. Diese gibt es als Pulver in verschiedenen Farben zu kaufen. Man rührt sie mit Wasser an, bis sie die Konsistenz von 10% Dosenmilch hat. Man trägt sie am besten auf feuchten bis lederharten Ton auf. Kleinere Muster und Tupfen male ich auch auf geschrühten Ton.

Unterglasurfarbe, die man auch in Pulverform kaufen kann, wird angerührt und auf den geschrühten Ton aufgetragen. Es gibt sie in vielen Farbtönen. Gebrannt wirkt sie transparenter als Engobe.

Aus Ton wird Keramik

Alle hier abgebildeten Arbeiten sind zweimal gebrannt. Zunächst müssen die ungebrannten Stücke absolut durchtrocknen. Dann kommen sie in den Schrühbrand bei 980° C und nach dem Eintauchen in transparente Glasur bei 1050° C in den Glasurbrand. Wenn dabei die Gegenstände nicht auf Füßchen stehen können, achten Sie bitte unbedingt darauf, daß alle Stand- oder Auflageflächen gut von Glasur gereinigt sind, damit sie im Ofen nicht festbrennen.
Wenn Sie keinen eigenen Ofen haben, müssen Sie nicht gleich aufgeben. Die meisten Bastelgeschäfte, die Ton in ihrem Angebot haben, bieten gegen Bezahlung auch das Brennen an.

Kleine Serviettenringe

Diese Serviettenringe können mit der passenden Papierserviette zum kleinen Schmuckstück für den gedeckten Tisch werden.

Material
unschamottierter Ton, weiß
blaue Engobe
rote Unterglasurfarbe
transparente Glasur

Werkzeug
Zeitung
Küchenmesser
spitzes Stäbchen
Pinsel

Ausführung
Mit den Fingern rolle ich eine gleichmäßige Rolle ungefähr 4 mm dick und schneide sie in 10 cm lange Teile. Jedes Teil wird zu einem Ring zusammengefügt und die Fugstelle mit den Fingerspitzen schön glatt verstrichen.
Nun werden für die Blumenringe die Blättchen geformt, wenn nötig angefeuchtet und etwas schräg nach hinten aufgesetzt. Mit einem spitzen Stäbchen deute ich leicht Blattadern an und befestige mit leichtem Druck die Mitte noch ein bißchen. Ich setze fünf kleine Kügelchen auf, drücke sie mit der Fingerspitze fest und damit flach zu Blütenblättern.

Für die Tier-Serviettenhalter forme ich auch zuerst den Ring, wie vorher beschrieben, und setze das fertige Tierchen auf die Fugstelle. Die Tiere sind aus einzelnen Teilchen entstanden, wie Sie an Hand der Skizzen sehen können. Auf der Rückseite wird die Ringmasse auf das Tierchen verstrichen und somit beides miteinander verbunden.

Entweder kann jetzt mit Engobe oder nach dem Schrühbrand mit Unterglasurfarbe bemalt werden. Dann wird glasiert und, damit beim Glasurbrand nichts anklebt, die Unterseite gut gereinigt.

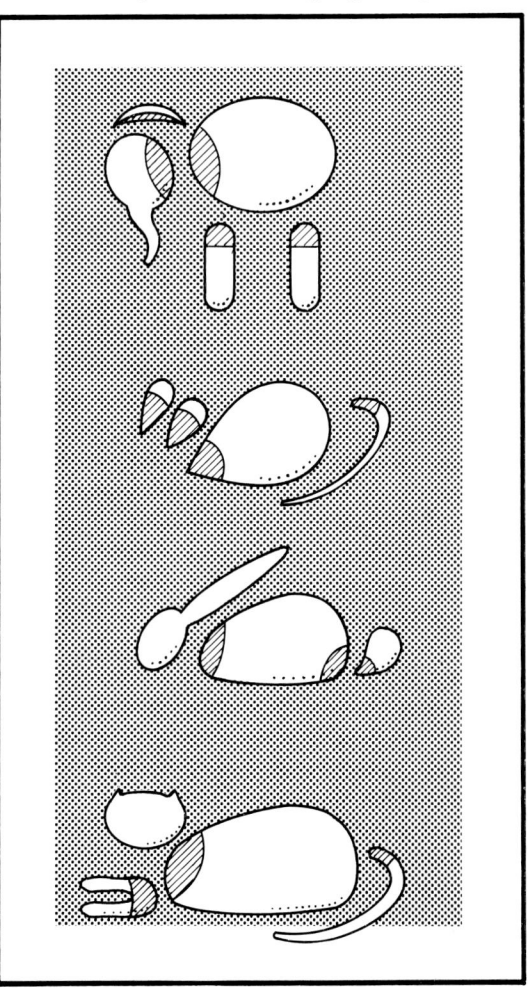

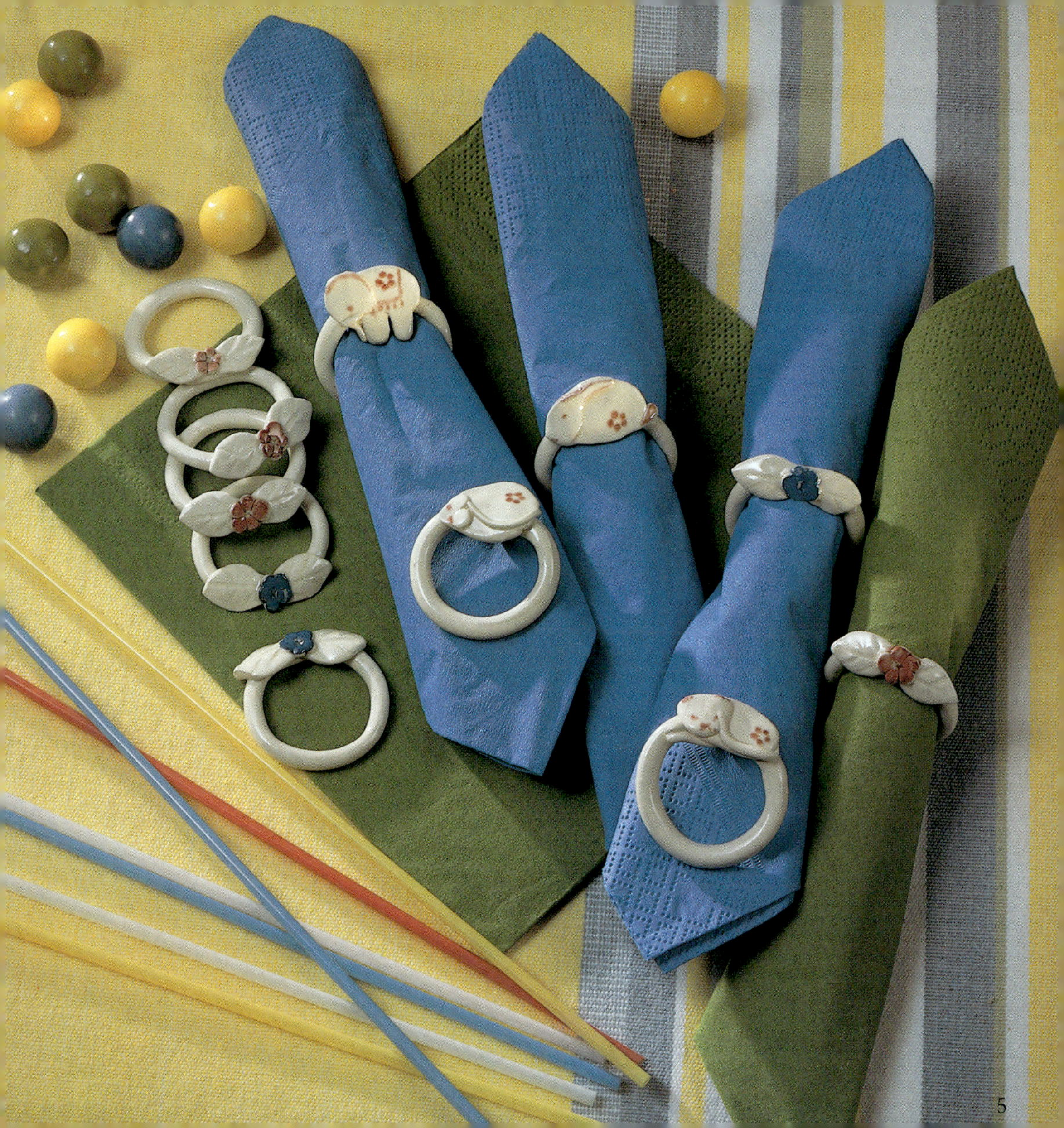

Öllämpchen Abb. 1. Umschlagseite

Das „Lichtlein" auf der 1. Umschlagseite entspricht in der Funktion dem alten Öllämpchen. Es wird mit Duftpetroleum gefüllt und bekommt einen ungefähr 12 cm langen Docht.

Material
feinschamottierter Ton, weiß
rote Unterglasurfarbe, transparente Glasur

Werkzeug
Zeitung
Bleistift
Messer
Stricknadel
Pinsel

Ausführung
Aus möglichst dichtbrennendem Ton forme ich eine Kugel von ungefähr 7 cm Durchmesser. Ich bohre den rechten Daumen hinein und drücke gleichmäßig mit Hilfe der Finger einen Hohlraum in die Kugel. Anschließend setze ich einen Deckel auf die Öffnung, verstreiche die Fuge und rolle den entstandenen Ball auf der Tischplatte glatt.
Eine kleine Tonkugel, sie sollte nicht gleichmäßig sein, klopfe ich auf Zeitung flach und schneide diese Scheibe auf einer Seite ein. Nun drücke ich sie in der Mitte fest auf den Ball und bohre mit einem Bleistift die Einfüllöffnung und mit einer Stricknadel ein Loch für den Docht.
Nun folgt die Verzierung, indem ich die beiden Zipfel, die durch den Einschnitt entstanden sind, einrolle und das Lämpchen mit Blättern, Ranken und Blüten besetze. Das Blümchen ist nach dem Schrühbrand mit Unterglasurfarbe bemalt worden. Das „Öllämpchen" ist innen und außen glasiert und auf Füßchen zum zweiten Mal gebrannt.

Wollen Sie auch den kleinen Stöpsel herstellen, achten Sie darauf, daß er eine gute Standfläche hat, wenn er glasiert werden soll.

Serviettenherzen

Vor ein paar Jahren, kurz nach Weihnachten, besuchte mich meine Nachbarin gerade, als ich den Tannenbaumschmuck (wie Seite 31) wegpackte. Während wir schwatzten, schob sie so nebenbei eine Serviette, die auf dem Eßtisch lag, durch den Herzanhänger. Eine Idee war geboren und damit der absolute Renner in meiner Hobbywerkstatt.

Material
unschamottierter Ton, weiß
Engobe blau und grün
rote Unterglasurfarbe, transparente Glasur

Werkzeug
Zeitung
Küchenmesser

Ausführung
Mit den Fingern rolle ich eine gleichmäßige Schlange von 7 mm Durchmesser und 17,5 cm Länge. Die beiden Enden werden in Herzform zusammengefügt und miteinander verstrichen. Nun klopfe ich das Herz ein wenig flach. Drei kleine Blättchen und zwei Ranken werden aufgesetzt, und fünf winzige Kügelchen werden durch leichtes Andrücken zu Blütenblättern.
Nach dem Trocknen und ersten Brennen, und nachdem ich die Blümchen mit Engobe oder Unterglasurfarbe bemalt habe, tauche ich nur die Oberfläche in die gut aufgerührte Glasur. Die Unterseite wird, wenn nötig, sauber gewischt, und so können die Herzen fertig gebrannt werden.

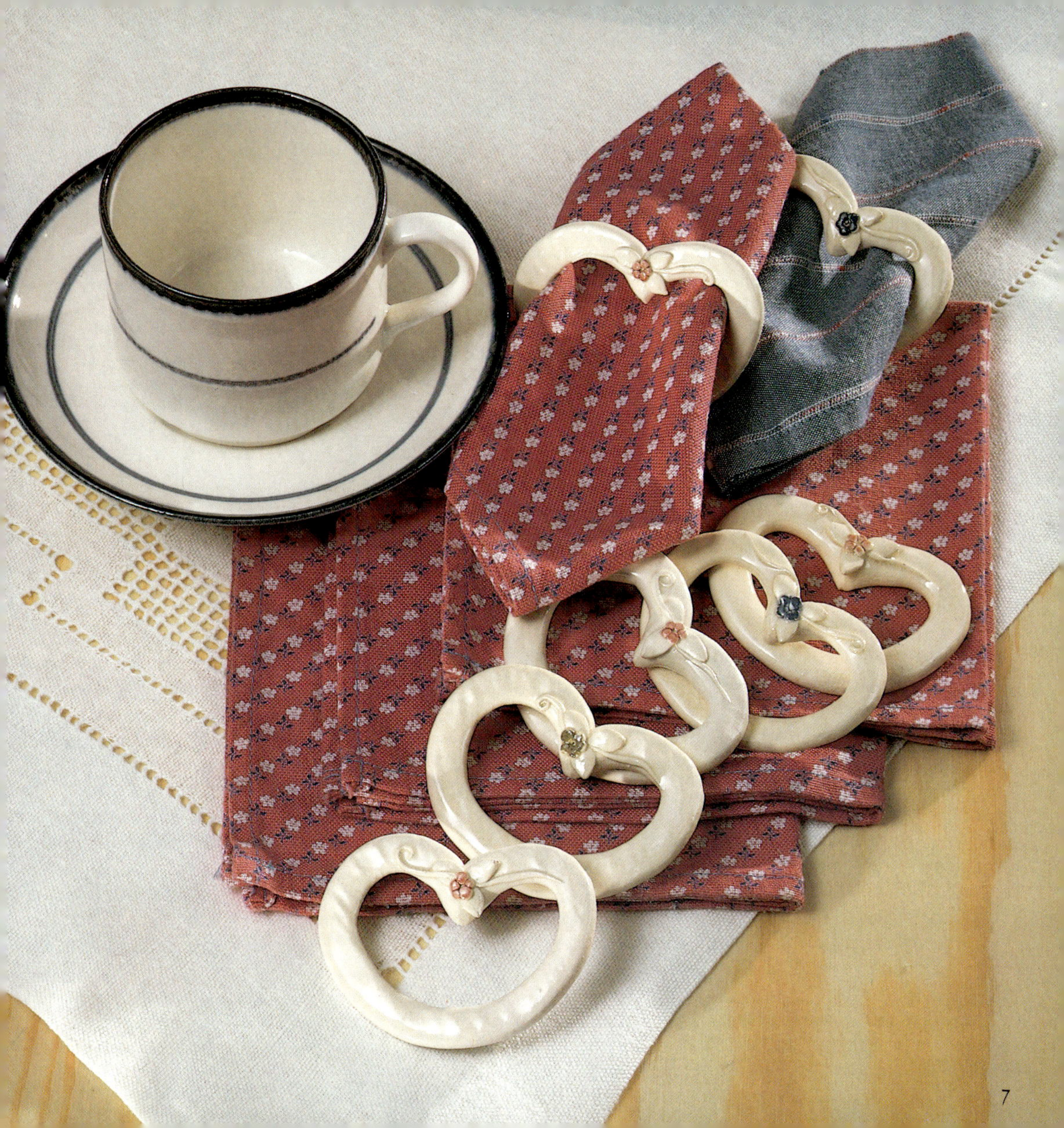

Häuschen und Püppchen Abb. 2. Umschlagseite

Die Herstellung des Häuschens ist auf Seite 18 ausführlich beschrieben. Die Idee dazu habe ich von einem Töpfer in der Provence, denn dieses Häuschen ist ein Lavendeldufthäuschen, das sich zum Beispiel gut als Geschenk zur Erinnerung an eine Südfrankreichreise eignet.

Material
unschamottierter Ton, weiß
blaue Engobe
transparente Glasur

Werkzeug
Zeitung
Stricknadel
Pinsel
Brett

Ausführung
Für die Figürchen forme ich zunächst einen standfesten Körper, setze kleine gerollte Tonwürstchen für die Arme an und verstreiche sie auf den Schultern. Als Kopf wird eine kleine Kugel aufgesetzt und auf der Rückseite mit den Schultern verbunden. Das Männchen bekommt den Hut, Umhang und Stock, das Frauchen ein winziges Baby auf den Schoß.
Nun bemale ich mit Engobe, wobei ich das Püppchen auf eine Stricknadel aufspieße. Ich lasse die Farbe kurz antrocknen, setze die Figürchen aber dann zum weiteren Trocknen auf ein Brett. Später werden sie erst geschrüht und dann glasiert. Achten Sie darauf, daß die Standflächen von Glasur frei bleiben.
Sollten Sie Spaß an solch kleinen Figuren haben, finden Sie viele Anregungen hierfür in dem Brunnen-Reihe-Heft Nr. 204 „Miniaturen modellieren".

Namensschildchen und Schlüsselhaken

Wahrscheinlich sehen Sie mit einem Blick auf die Abbildung, wie diese Schildchen und der Haken gemacht sind.

Material
unschamottierter Ton, weiß
rote Unterglasurfarbe,
transparente Glasur

Werkzeug
Küchenmesser
Zeitung
Stäbchen
Pinsel

Ausführung
Für diese Schilder nehme ich eine kleine Menge Ton, rolle sie zwischen beiden Händen zur Kugel, dann eiförmig und klopfe sie mit dem Handballen gleichmäßig flach auf ein Stück Zeitung. Nun rolle ich ein dünnes Tonschnürchen, lege es als Rahmen auf die Fläche und drücke es leicht fest. Danach folgt die kleine Verzierung aus Blättchen, Ranken und Blüten.
Nach dem ersten Brand schreibe ich mit Unterglasurfarbe die Namen und male die Blümchen an.

Ausgangsform für den Haken war auch eine Tonkugel. Beim Rollen mit Druck auf nur eine Seite entsteht eine kleine Keule. Der runde Teil wird auf Zeitung flachgeklopft und der schmale Teil langsam umgebogen. Nun wird mit feuchtem Zeigefinger noch ein bißchen glattgestrichen, dann kann die Verzierung folgen. Weiter geht es wie bei den Schildchen.

9

Claudia

Solch ein Namensschild ist ein sehr beliebtes Geschenk. Sie können hier persönlich auf den Namensträger eingehen. Ist z.B. ein kleiner Toni ein begeisterter Autofan, kommt natürlich ein Auto aufs Bild.

Material
unschamottierter Ton, weiß
Engobe blau, türkis und rosa
transparente Glasur

Werkzeug
Zeitung, Küchenmesser, Stäbchen, Pinsel

11

Ausführung
Je nach Größe des Schildchens nehme ich die Menge des Tons und klopfe sie mit dem Handballen auf Zeitung in die gewünschte Form. Der Rand wird, wenn nötig, mit dem Küchenmesser korrigiert und mit feuchtem Finger geglättet. Nun modelliere ich das Bildchen auf.
Hier habe ich mit Engobe bemalt. Man kann aber auch jede andere, im Handel übliche Keramikfarbe zum Bemalen nehmen. Beachten Sie bitte die Angaben, ob die Farben vor oder nach dem ersten Brand oder auf die Glasur aufgetragen werden.
Dieses Schild wurde nach dem Trocknen bei 980° C gebrannt, dann habe ich nur die Vorderseite in die gut aufgerührte Glasur getaucht und wieder bei 1050° C brennen lassen.

Aschenbecher

Als inzwischen überzeugte Nichtraucherin möchte ich Sie natürlich nicht zum Rauchen verführen. Haben Sie trotzdem Lust, nach diesem Muster ein Schälchen herzustellen, lassen Sie einfach die Einbuchtung für die Zigarette weg. Sie können die Schale etwas in der Größe verändern, so eignet sie sich größer für Gebäck oder Konfekt und in kleinerer Form, um Ohrringe oder einen Ring darin abzulegen. Die Schälchen sind ein attraktives Geschenk im Set, bemalt mit verschiedenen Mustern.

Material
feinschamottierter Ton, weiß
Engobe blau und türkis
transparente Glasur

Werkzeug
Pinsel

Ausführung
Den Ton habe ich zur Kugel geformt und zwischen Daumen und Zeigefinger in die gewünschte Form gedrückt. Danach habe ich die Schälchen mit Engobe bemalt. Nach dem Trocknen und Schrühbrand werden sie in Glasur getaucht und auf Füßchen bei 1050° C gebrannt.

13

Geburtstagskränzchen

Auch dieses Geburtstagskränzchen ist ein sehr beliebtes Geschenk, das sich besonders für Kindergeburtstage eignet und später – bei anderen Gelegenheiten – zum Beispiel als festlicher Tischschmuck wieder Verwendung finden kann. Sie können es für mehr oder weniger Kerzen, als auf der Abbildung zu sehen, herstellen und auch anders verzieren.

Material
unschamottierter Ton, weiß
rote Unterglasurfarbe
transparente Glasur

Werkzeug
Zeitung
Küchenmesser
Pinsel
Batterie mit 13 mm Durchmesser

Ausführung
Ich rolle eine Schlange ca. 45 cm lang mit 1,5 cm Durchmesser, schneide die Enden glatt ab und füge sie fest zum Ring zusammen. Die Fugstelle wird verstrichen. Dann klopfe ich den Reif mit den Fingerspitzen etwas flach und drücke mit einer Batterie die Löcher ein. Nun lasse ich ein dünnes Tonschnürchen um die Vertiefungen ranken und besetze es mit Blättchen und Blümchen. Mein Ton ist so weich, daß kein zusätzliches Anfeuchten nötig ist.
Nach dem Trocknen und Schrühen habe ich dieses Kränzchen mit roter Unterglasurfarbe bemalt und dann durch vorsichtiges Eintauchen der Oberseite glasiert.

Das Namenschildchen ist entstanden, wie auf Seite 8 beschrieben, nur wurde der Name aus einem Tonschnürchen aufgelegt.

Das Hühnchen ist auf Seite 24 beschrieben

15

Ketten und Täubchen

Ton eignet sich auch besonders gut für einfachen, aber deshalb durchaus nicht weniger attraktiven Schmuck. Vielleicht wollen Sie sich diesen Schmuck passend zu einem Ihrer Lieblingskleider oder einer Ihrer Blusen herstellen. Hierfür eignet sich natürlich die klassische Form der Ketten, die ich hier zeige. Aber auch Broschen aus Keramik – das hier gezeigte Täubchen ist nur ein Beispiel unter vielen Möglichkeiten – sind beliebte Schmuckstücke, die sich leicht herstellen lassen und doch ein sehr persönliches Geschenk abgeben.
Für die Ketten gibt es in vielen Farbtönen Lederbändchen, die Sie fast überall im Hobbyfachhandel kaufen können. Ich binde die Bändchen hinten zu Knoten oder Schleifen und finde es hübsch, wenn die Enden herabhängen.
Den speziellen Heizdraht, den Sie zum Brennen der Kettenglieder benötigen, erhalten Sie in Bastelgeschäften, die Töpfer- und Keramikbedarf führen; dort finden Sie auch Anstecknadeln für Broschen, die es in verschiedenen Größen gibt.

Material
unschamottierter Ton, weiß
Engobe blau und türkis
transparente Glasur
Lederbändchen
Anstecknadel

Werkzeug
Küchenmesser
Stricknadel Nr. 3 1/2
Pinsel
Brett
Heizdraht 2 mm dick

Ausführung
Für die Ketten rolle ich eine Schlange und schneide sie in kleine Stücke. Nun rolle oder knete ich mit den Fingerspitzen die gewünschte Perlenform.
Danach durchsteche ich jedes Teilchen einzeln mit einer Stricknadel Nr. 3 1/2 und bemale es mit Engobe während es auf der Nadel steckt. Nun kommen die Perlen zum Trocknen auf ein Brett.
Nach dem Schrühbrand fasse ich jede einzelne Perle zwischen Daumen und Zeigefingerspitze – halte somit die Löcher zu – und tauche sie in gut aufgerührte Glasur. Anschließend reihe ich sie mit Abstand auf 2 mm dicken Heizdraht, nicht ohne noch einmal zu kontrollieren, ob die Löcher frei von Glasur sind.
Die ca. 20 cm langen Heizdrahtstücke (ich habe sie mir so zurechtgeschnitten) hänge ich beim Glasurbrand auf zwei Ofenstützen.
Das „Friedenstäubchen" habe ich mit einem Kinderbackförmchen aus dünn ausgewalztem Ton ausgestochen. Es ist nur auf der bemalten Seite glasiert und hat hinten eine kleine Anstecknadel aus dem Bastelgeschäft, die mit UHU plus schnellfest nach dem Glasurbrand angeklebt worden ist.

17

Häuschen (s. auch 2. Umschlagseite)

Bei einem Ferienaufenthalt in der Provence fiel mir in einem Laden der angenehme Lavendelduft auf. Bei der Suche nach der Ursache entdeckte ich ein kleines Häuschen, dessen Dampfwölkchen aus dem Schornstein den Duft verbreiteten.

Diese Idee griff ich auf, aber wandelte sie ab zu dem heimelig leuchtenden Häuschen. Dieses Häuschen hat kaum noch Ähnlichkeit mit dem französischen, aber es hat die gleiche Funktion: Wenn Sie in den Schornstein einen Tropfen Duftessenz und Wasser geben, verbreitet es angenehmen Geruch.

Material
unschamottierter Ton, rot
Engobe blau und türkis
transparente Glasur

Werkzeug
Zeitung
Pinsel
dünne Stopfnadel

Ausführung
Eine Kugel von der Größe eines Tennisballes rolle ich zur Walze, drücke an einem Ende meinen Daumen hinein und forme durch Ausweiten mit Daumen und Fingern gleichmäßig die Wandung, oben als Kuppel.

Eine Kugel, sie muß nicht gleichmäßig sein, klopfe ich flach, feuchte sie etwas an und setze sie als Dach auf. Eine kleinere Kuppel wird mit Daumen und Zeigefinger zum Schornstein geformt, unten angefeuchtet und fest auf das Dach gedrückt.

Nun modelliere ich die Tür mit Guckloch und Klinke auf.

Um die Fenster, rechts neben der Türe befindet sich auch noch eins, auszuschneiden, ist mir eine dünne Stopfnadel behilflich. Stellen Sie jetzt schon ein brennendes Teelicht hinein, um zu testen, ob die Flamme genügend Sauerstoff bekommt.

Zum Schluß setze ich die Blümchen auf, und alles wird mit Engobe bemalt, getrocknet und nach dem ersten Brand glasiert. Eine einseitig glasierte Tonplatte dient als Untersatz und verhindert Wachs- oder Brandflecken.

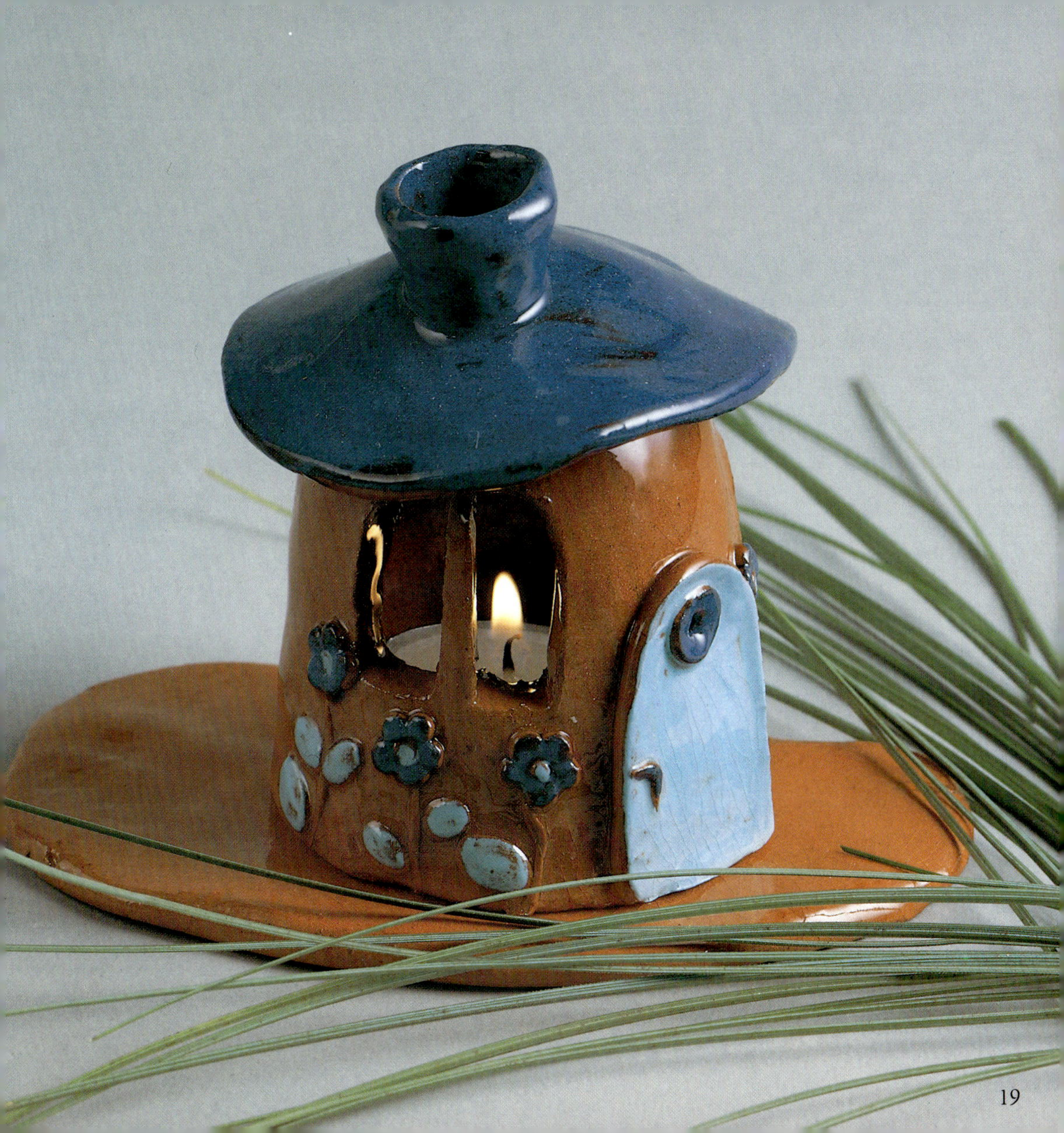

Puppengeschirr

Weil Puppeneltern gerne den Tisch decken für ihre Kinder, ist gerade dieses lustige Puppengeschirr ein besonders beliebtes und willkommenes Geschenk bei kleinen Puppenmüttern und -vätern.

Material
unschamottierter Ton, weiß
rote Unterglasurfarbe

Werkzeug
Zeitung
Pinsel
runder Bleistift

Ausführung
Ausgangsform für jedes Teil war eine entsprechend kleine Tonkugel.
Die kleinsten Kugeln wurden für die Untertassen einfach plattgedrückt. Aus der nächsten Größe entstanden mit Hilfe eines runden Bleistifts Becher, die mit winzigen Henkelchen versehen wurden.
Die Teller wurden auch aus flachgedrückten Kugeln, die durch leichtes Reiben mit der Fingerspitze die Vertiefung erhielten, hergestellt.
Die „Schüsselkugeln" wurden zwischen Daumen und Zeigefinger in Form gedrückt, ebenso die Kugel für den Krug, der zum Schluß noch einen Henkel bekam.
Dieses Geschirr ist nach dem ersten Brand mit roter Unterglasurfarbe bemalt und glasiert worden.

21

Huhn und Eierbecher

Dieses Huhn eignet sich gut als Butter- oder Käseglocke. Wenn Sie es etwas größer herstellen und innen auspolstern, haben Sie eine Glucke, die die Frühstückseier warm hält.

Material
fein schamottierter Ton, weiß
blaue Engobe,
transparente Glasur

Werkzeug
runde Schüssel
Küchenmesser
dünne Plastikfolie (Mülltüte)
Schwämmchen
Tischränderscheibe oder umgedrehter Topf
Pinsel
Zeitung

Ausführung
Die Halbkugel für dieses Huhn forme ich in einer Schüssel, die der gewünschten Größe entspricht. Zuerst lege ich die Schüssel mit dünner Plastikfolie aus. Dann rolle ich eine lange Schlange, ungefähr 1 cm dick, aus fein schamottiertem Ton und lege sie spiralenförmig von der Mitte ausgehend bis zum oberen Rand in die Schüssel. Nun werden alle Fugen verstrichen und mit einem feuchten Schwamm geglättet.

Jetzt wird die Form auf ein mit Zeitung belegtes Brett gestürzt und von der Folie befreit. Auch hier verstreiche ich die Fugen und glätte mit einem Schwämmchen.
Dort, wo der Kopf sitzen soll, schneide ich ein Loch und modelliere den Hühnerkopf, der hohl sein sollte, auf. Er wird mit Kamm, Lappen, Schnabel und Augen versehen, und dann forme ich die Federn. Hierfür rolle ich kleine Kugeln in zwei Richtungen und erhalte die Federform. Diese klopfe ich flach und setze sie rund um den Hals. Die am Hals angesetzten Enden werden verstrichen. Auf den Ansatzstellen sitzen hier noch flachgedrückte Kugeln.
Für die Schwanzfedern habe ich drei ca. 13 cm lange Tonstreifen an einem Ende aufgerollt und mit dem anderen Ende an der vorgesehenen Stelle angesetzt und verstrichen. Hier wurden zum hübscheren Aussehen noch drei kleine Federn aufgesetzt (auf der Abbildung nicht zu sehen).
Dieses Huhn ist mit Engobe bemalt und wurde nach sorgfältigem Trocknen und Schrühbrand glasiert.

Den Eierbecher habe ich mit Daumen und Zeigefinger aus einer Kugel geformt, die Standfläche durch hartes Aufsetzen geschaffen, den oberen Rand mit einem dünnen Schnürchen besetzt, mit Engobe bemalt, geschrüht und dann glasiert.

Die Hühnerfamilie ist auf Seite 24 ausführlich beschrieben.

23

Hühnerfamilie und Kerzenhühnchen
Abb. Seite 15, 23 und 25

Die lustige Hühnerfamilie und die kerzentragenden Hühnchen sind einmal ein ganz anderer festlicher Tischschmuck an den Ostertagen, als man ihn üblicherweise kennt.
Als kleines Mitbringsel für Ihren Osterbesuch eignen sie sich ebenso, wie zur Ausschmückung eines Osterstraußes oder -gesteckes, an dem die Hühnchen mit farbigen Bändern neben den bunten Ostereiern befestigt oder aufgehängt werden können.

Material
unschamottierter Ton, weiß
blaue Engobe
rote Unterglasurfarbe
transparente Glasur

Werkzeug
Zeitung
Pinsel
Batterie 13 mm Durchmesser

Ausführung
Diese Tierchen forme ich mit den Fingerspitzen aus Kugeln. Sollen Kerzenhalter daraus werden, drücke ich nun das Loch für die Kerze mit der Batterie ein. Dann bekommen die Hühner und der Hahn den Kamm (er besteht aus drei oder vier Kügelchen), den Schnabel, winzige Lappen, Flügel und der Hahn Schwanzfedern. Wenn möglich, verbinde ich durch Verstreichen an einer Seite die angesetzten Teilchen mit dem Rumpf. Die winzigen Kücken brauchen eine gute Standfläche, die unglasiert bleiben muß.
Diese Tiere sind mit Engobe bemalt, das rosa Hühnchen auf Seite 15 mit roter Unterglasurfarbe. Sie wurden in Glasur getaucht und die Standfläche für den Glasurbrand gut gereinigt.

Kerzenleuchter Abb. Seite 25

Material
unschamottierter Ton, weiß
blaue Engobe
rote Unterglasurfarbe
transparente Glasur

Werkzeug
Zeitung
Batterie 13 mm Durchmesser
Pinsel
Küchenmesser

Ausführung
Die kleinen Kerzenhalter sind ganz leicht und schnell gemacht. Für die runden Halter rolle ich zunächst eine etwas dickere und kleinere Kugel. Ich klopfe sie auf Zeitung flach und lege die kleine auf die größere Fläche. Nun drücke ich das Loch für die Kerze mit der Batterie ein und verbinde dadurch die beiden Tonscheiben. Danach wird mit Blättchen, Ranken und Blüten verziert, nach dem Schrühbrand bemalt und glasiert.
Für die Kerzenhalter mit den Kragen drücke ich die Batterie in eine etwa walnußgroße Tonkugel und rolle sie mit der eingesteckten Batterie auf der Arbeitsplatte hin und her. So entsteht der zylinderförmige Stamm. Nun klopfe ich eine nicht ganz gleichmäßige Tonkugel auf Zeitung flach und schneide sie von der Mitte her zur Kante hin ein. Diese kleine Scheibe lege ich auf die Öffnung und drücke mit der vorher benutzten Batterie das Loch für die Kerze ein. Hierbei verbindet sich der Kragen mit dem Stamm. Nun werden die durch den Einschnitt entstandenen Zipfel eingerollt oder umgebogen und mit Blättchen, Ranken und Blüten verziert. Nach dem Trocknen wird geschrüht, bemalt und glasiert.

25

Übertöpfe

Material
feinschamottierter Ton, weiß
rote Unterglasurfarbe
transparente Glasur

Werkzeug
Tischränderscheibe oder umgedrehter Topf
Zeitung
Pinsel
Küchenmesser

Ausführung
Für den Boden eines Topfes klopfe ich mit dem Handballen eine Kugel flach, ungefähr 1 cm dick. Bei der Größe orientiere ich mich an genormten Blumentöpfen, dabei muß aber die Schwindung des Tons (ca. 15%) beachtet werden.
Für die drei Seitenteile nehme ich der Größe des vorgesehenen Topfes entsprechend große Tonklumpen, die ich etwas glätte, aber nicht gleichmäßig rund forme, und klopfe sie ebenfalls flach auf die Zeitung. Hierbei darf der obere Rand ziemlich dünn und gerne etwas ungleich in der Form sein. Der untere Rand sollte dicker und, wenn nötig durch einen Messerschnitt, gerade sein. Nun setze ich die Seitenwände auf den Boden. Beim Schließen überlappt immer ein Ende das andere, wie es auf der Abbildung gut zu sehen ist. Innen werden jetzt die überstehenden Teile fest mit den Wänden verstrichen.
Um die noch bestehende Fuge zwischen Wand und Boden zu glätten, verstreiche ich mit der Zeigefingerspitze rundherum einen kleinen Teil des Tonbodens auf die äußere Wand. So entsteht gleichzeitig die gefällige Rundung am unteren Rand des Topfes.
Jetzt folgt die Verzierung, die Sie mit Hilfe der Abbildung sicher gut nachvollziehen können. Die Blümchen werden nach dem ersten Brand mit Unterglasurfarbe bemalt. Dann wird der Topf in Glasur getaucht und auf Füßchen gebrannt.

Knöpfe Abb. 4. Umschlagseite

Mit viel Geduld und Liebe entsteht dieses hübsche Beiwerk für Selbstgeschneidertes; es gibt auch gekaufter Kinderkleidung den besonderen Pfiff.

Material
unschamottierter Ton, weiß
Engobe
rote Unterglasurfarbe
transparente Glasur

Werkzeug
Zeitung
Stricknadel Nr. 3 1/2
Pinsel
Heizdraht 2 mm stark

Ausführung
Beim genauen Anschauen der Abbildung und Skizzen können Sie sicher leicht erkennen, daß diese

Weitere Skizzen s. Seite 4

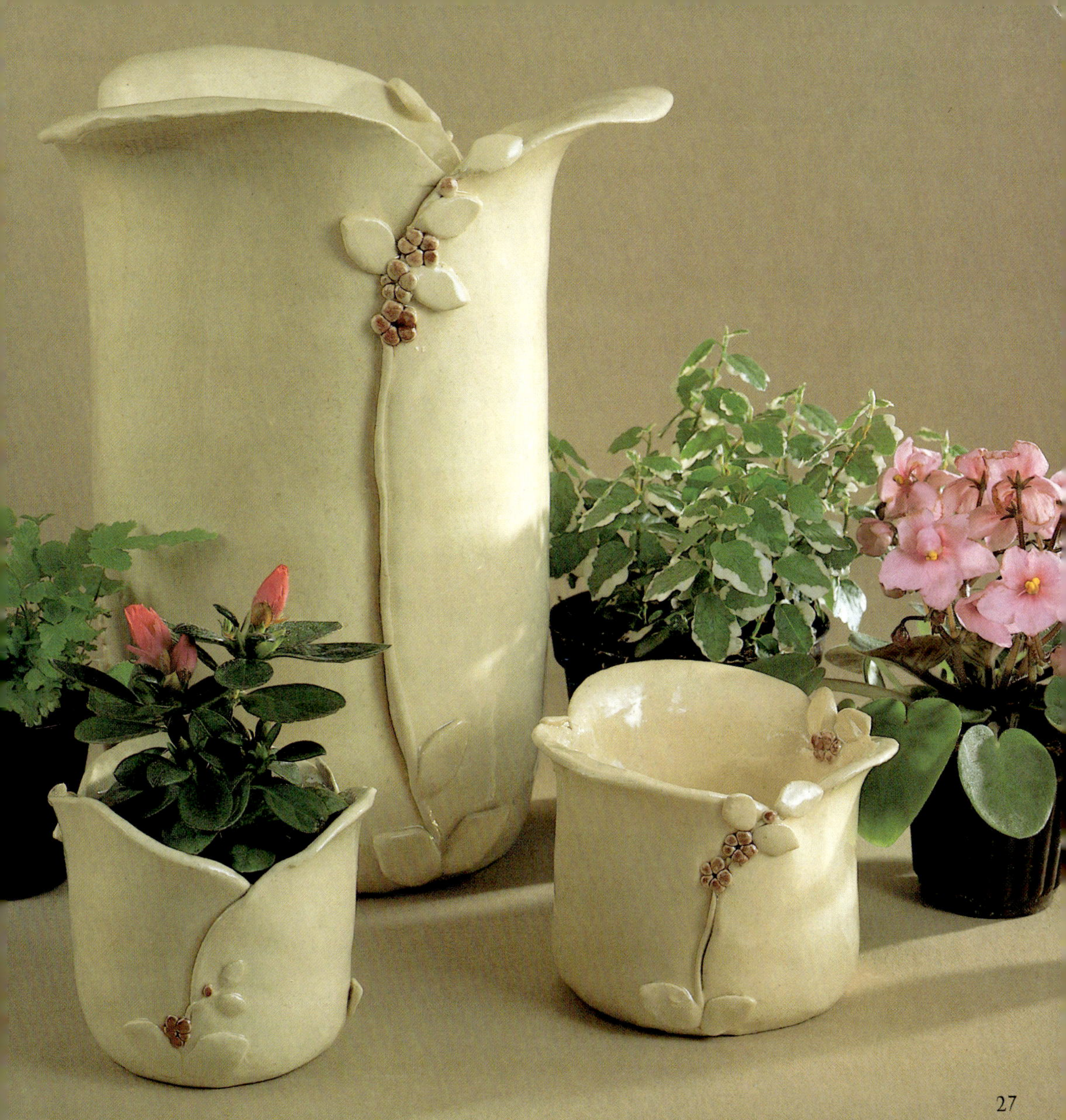

kleinen Gebilde aus vielen Einzelteilchen gestaltet sind. Vielleicht haben Sie jetzt gleich eigene Ideen. Nachdem ich also die Tiere oder Blumen hergestellt habe, lasse ich sie erst lederhart trocknen. Dann steche ich mit einer Stricknadel Nr. 3 1/2 die Löcher und glätte die Rückseite mit einem Küchenmesser. Nach dem ersten Brand bemale ich mit Engobe oder Unterglasurfarbe. Danach tauche ich die Knöpfe einzeln in die gut aufgerührte Glasur und blase sofort die Löcher durch. Einen 2 mm dicken Heizdraht habe ich mir in 20 cm lange Stücke zerlegt. Auf diese Drähte reihe ich die Knöpfe auf, nicht ohne noch einmal das Knopfloch von Glasur frei gerieben zu haben. Zwischen den Knöpfen muß genügend Abstand sein, wenn ich sie nun, auf zwei Ofenstützen aufgehängt, vorsichtig in den Ofen stelle. Die Knöpfe sind nach dem Brand auf beiden Seiten glasiert, dadurch haltbarer und glatter.

Tischschmuck für die Weihnachtszeit

Eine Alternative zum üblichen Adventskranz ist dieser Tischschmuck aus Keramik.

Material
unschamottierter Ton, weiß
blaue Engobe
rote Unterglasurfarbe
transparente Glasur

Werkzeug
Nudelholz
Zeitung
Küchenmesser
Pinsel
Sternförmchen
Batterie 13 mm Durchmesser

Ausführung
Ich rolle eine Walze von 1,5 cm Durchmesser und 45 cm Länge. Die beiden Enden werden glatt abgeschnitten, fest zum Kreis zusammengefügt und sauber miteinander verstrichen. Anschließend klopfe ich den Ring leicht mit den Fingern flach und bemale ihn mit Engobe.
Aus einer dünn ausgewalzten Tonplatte steche ich nun mit Backförmchen Sterne aus und lege sie auf den Kranz. Dann drücke ich die Löcher für die Kerzen mit der Batterie ein, hierdurch werden gleichzeitig die Sterne mit dem Kranz verbunden.
Nach dem ersten Brand tauche ich nur die Oberseite in die Glasur und brenne ohne Füßchen.

Für die Stern-Kerzenhalter steche ich aus einer dünn ausgewalzten Tonplatte Sterne aus, lege kleine Tonringe darauf, innen gemessen 10 mm, und drücke sie mit der Batterie fest. So entsteht die Fassung, die nach der Schwindung durch Trocknen und Brennen des Tons die passende Weite für eine Christbaumkerze hat.

Baumschmuck

Diese Behänge müssen nicht unbedingt an den Tannenbaum. Ich selbst finde sie auch hübsch, wenn sie zum Beispiel an einem blattlosen Ast vom Korkenzieherhasel-Strauch hängen. Zum Aufhängen würde ich dann keine Schleifen, sondern transparente Nylonschnüre nehmen.

Material
unschamottierter Ton, weiß
rote Unterglasurfarbe
transparente Glasur

Werkzeug
Zeitung
Küchenmesser
Pinsel

Ausführung
Nun können Sie mit dem Ton spielen. Wenn Sie einmal angefangen haben, fallen auch Ihnen sicher viele neue Möglichkeiten ein. Hier möchte ich nur einige davon an Hand der Skizzen rechts zeigen.
Verstreichen Sie die Ansatzstellen, wenn möglich, und setzen Sie kleine Verzierungen auf. Hierfür sollte der Ton relativ weich sein, damit sich die Teilchen beim Andrücken miteinander verbinden. Vergessen Sie nicht, einen kleinen Bügel zum Aufhängen anzubringen.
Dieser Baumschmuck ist nach dem Schrühbrand mit roter Unterglasurfarbe bemalt worden. Ich habe nur die bemalte Seite vorsichtig in die gut aufgerührte Glasur getaucht, darauf geachtet, daß keine Glasurspuren auf der Rückseite waren und ohne Füßchen ein zweites Mal gebrannt.

Freude am Gestalten mit Ton

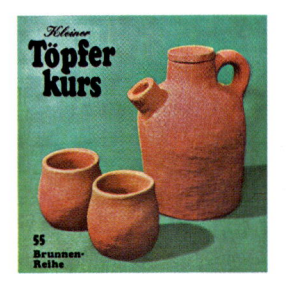

Dieter Dietz — Töpfern mit Erfolg
Vom Kneten bis zum Drehen

Manfred Hundertmark — Gefäßkeramik
aufbauen mit der Ränderscheibe und gießen

Anne Hertenstein — Kunstvolle Blätter-Keramik
Töpfern nach der Natur

TÖPFERN
Vom Kneten bis zum Drehen
Erster Kurs mit Dieter Dietz
In Zusammenarbeit mit dem ZDF

Kleine Töpferei — Brunnen-Reihe Kinder-Programm 159

TON-Plattentechnik — Brunnen-Reihe 198

Schmuck aus Ton — Brunnen-Reihe 205

Töpfern ohne Scheibe — Aufbaukeramik — Brunnen-Reihe 213

Einfache Keramik-Glasuren — Brunnen-Reihe 226

TON in meiner Hand — Brunnen-Reihe 41

Kleiner Töpferkurs — Brunnen-Reihe 55

Kinder formen Ton — Brunnen-Reihe Kinder-Programm 152